LETTRES
CRITIQUES
SUR LA
HENRIADE
DE
M. de *VOLTAIRE*.

A LONDRES;

Imprimé chez SAMUEL JALLASSON,
in Prujean's Court, Old Baily;
Pour J. P. CODERC, Libraire *in Little
Newport-Street*, à l'Enseigne de Pline ; &
G. de MERVILLE, Libraire à la Haye.
1728.   (Prix 6. Sols.)

Avertissement.

CEtte Lettre sera incessament suivie de quelques autres, dont la derniere traite du sujet, du dessein, de la conduite de la Henriade, & des caractères des personnes ou des divinités. On y compare aussi l'Edition qui en a été nouvellement publiée avec l'ancienne qui parut sous le titre de *la Ligue*.

Le G. E., qui se trouve marqué à côté des vers, indique l'Edition in *Quarto*. Le P. E. qui se trouve à côté des mêmes vers, indique l'Edition in *Octavo* publiée chez *N. Prevost* & *J. P. Coderc*: Ainsi on peut aisément trouver les vers qui sont examinés dans cette Critique.

LETTRES
CRITIQUES
SUR LA
HENRIADE.

MONSIEUR,

Vous n'aviés pas besoin de me faire tant d'instances pour m'engager à l'examen du Poëme de M. de VOL-TAIRE. C'est ma coûtume de m'appliquer en critique aux livres que je lis, lorsqu'ils sont excellens ou fameux. Je m'impose même souvent la loi d'écrire mes Remarques, afin de savoir où les trouver exactement si je veux les rappeller dans ma mémoire, ou afin même de m'obliger à mieux éclaircir

I.
LETTRE.

A

éclaircir mes idées, & à ne me pas contenter d'un sentiment confus, qui fait quelquefois qu'on approuve ou qu'on blâme mal-à-propos. En effet une idée paroit souvent vraye à l'esprit dont la paresse se contente aisément d'une premiere vuë, laquelle idée se trouve fausse quand on veut se donner la peine, en écrivant, de l'expliquer d'une maniere exacte. Quelque imperfection qui se trouve dans le Poëme de M. de *VOLTAIRE*, cet ouvrage n'est pas indigne du nom d'*excellent*; si par *excellent* on entend un ouvrage tel que les François n'en ont point de ce genre qui l'égale: & ce Poëme étoit *fameux* avant même qu'il eût vû le jour. C'est ce qu'il a de commun avec la *Pucelle* de *CHAPELAIN*; mais c'est en cela seul que le sort de la *Henriade* ressemblera à celui de la *Pucelle*.

Vous remarqués fort bien qu'il y a long-tems qu'on a dit, qu'en achetant un livre on acquiert le droit de le critiquer; je le sai, & j'en userai ainsi avec d'autant plus de plaisir, qu'on peut dire, que si les exemplaires de la *HENRIADE* ont été cherement païés, les beautés que ce livre renferme sont impayables. Il me semble, *MONSIEUR*, que plus les choses approchent de la perfection, plus elles doivent être l'objet d'un examen rigoureux. Si la critique est juste, elle produit plusieurs biens à la fois. Elle empêche qu'à la faveur des beautés d'un ouvrage, les défauts qui s'y trouvent n'acquierent une autorité qui serviroit d'excuse à ceux qui tomberoient ensuite dans ces mêmes défauts ou dans de semblables. Elle engage un Auteur qui compose, à plus d'attention & d'exactitude, & fournit à celui qui a fait un bon Livre, les moyens de le perfectioner, si cet Auteur est assés sage pour ne se pas croire le seul homme du monde capable de décider de ce qui convient, ou de ce qui ne convient pas. En effet, *MONSIEUR*, il y a des écrivains qui sont si présomptueux (tels que sont la plûpart des Théologiens & des Poëtes) & chez qui l'imagination est si dominante qu'ils n'écoutent que leur présomption & leur imagination. Ils les prennent pour la Raison souveraine, ils ne décident que par elles, & suivent ainsi, pour règle de leur jugement, les deux choses du monde les plus propres à nous séduire. Les Critiques, non plus que les Théologiens & les Poëtes, ne sont pas affranchis des pièges de l'erreur. Ils ne sont pas moins sujets à la présomption, & s'ils n'ont pas l'imagination aussi forte, ils ont d'ailleurs leur prévention particuliere, que chaque Critique croit être en soi, ce qu'on appelle le *bon goût*. Ce bon goût fait en celui qui croit l'avoir le même effet que la force de l'imagination produit en ceux qu'elle domine, & les uns & les autres se ressemblent en ceci, c'est qu'ils décident hardiment, sans pouvoir donner de raison, des choses qu'ils approuvent ou qu'ils condamnent. L'imagination, le goût, & la présomption (qu'il ne faut pas oublier) sont les choses du monde qui raisonnent le moins.

I. *LETTRE.*

I.
LETTRE.

Pour moi, qui veux faire avec vous le modeste, je vous avertis, MONSIEUR, que dans tous les endroits de cette Critique, dans lesquels je m'exprime d'une maniere positive, ou décisive, je ne le fais que pour abréger, & pour ne pas faire revenir à chaque Remarque ces expressions qui conviennent si bien à tout Critique, c'est-à-dire, *il me semble, je crois, il me paroit, si je ne me trompe, peut-être,* & autres semblables: ces expressions, dis-je, qui, quelques raisonnables qu'elles soient, rendroient leur répétition ennuyeuse. Mais puisqu'elles sont raisonnables, je vous supplie, MONSIEUR, de les supposer dans toutes les Remarques où elles ne se trouveront point. Je ne suis parfaitement assûré que d'une chose, c'est que je puis très aisément me tromper. Cet aveu est fort modeste sans doute, & pour le confirmer j'ajouterai qu'il est fondé en raison & en experience. Souvenez vous, MONSIEUR, de ces vers de Boileau.

Art. POET.
Chant IV.

Souvent dans son orgüeil, un subtil ignorant
Par d'injustes dégoûts, combat toute une pièce,
Blâme des plus beaux vers la noble hardiesse.
On a beau refuter ses vains raisonnemens:
Son esprit se complait dans ses faux jugemens,
Et sa foible raison, de clarté dépourvûë,
Pense que rien n'échape à sa debile vûë.
Ses conseils sont à craindre.

EPITRE

EPITRE DEDICATOIRE. LETTRE I.

I.
TO THE QUEEN.

L'Epitre dédicatoire de la *HENRIADE* n'eſt pas une de ces pièces où ſe trouve ce que les beaux éſprits appellent *du neuf*; *ce neuf* qu'on recherche avec tant d'affectation, dans l'expreſſion & dans la penſée, qu'en courant après on donne ſouvent dans l'extravagant ou dans le précieux. Cette Epitre eſt elle même une choſe toute nouvelle, mais auſſi nouvelle que bizarre, & ..... il me manque un terme pour exprimer une autre idée. Sa nouveauté & ſa bizarrerie conſiſtent en ce qu'elle eſt écrite en Anglois, par un Auteur François, pour offrir un Livre François : c'eſt peut-être la premiere fois que cela s'eſt vû.

L'autre idée pour laquelle je n'ai pû trouver de terme eſt celle qu'on doit ſe former de l'action d'un Auteur qui dédie à une Reine un Livre, où la Réligion qu'elle profeſſe, & dont elle ſe fait honneur de ſe dire *Protectrice*, eſt traitée *d'erreur*, de *nouveauté*, de *fantôme éffrayant*, & dont les dogmes ſont appellés des *dogmes ſéducteurs* &c. Si un Anglois alloit en France préſenter à la Reine un Poëme où il y eût de ſi belles choſes au ſujet de la Réligion Romaine, le pauvre Auteur, ſans doute, ne manqueroit

pas

pas d'être envoyé en un lieu où il auroit le tems de faire des vers sans être interrompu de personne. Il y a pourtant deux raisons à dire en faveur de M. *de VOLTAIRE*; l'une qu'il est *Poëte de profession*, & cette raison bien approfondie ne se trouve t-elle pas d'une grande force ? L'autre, qu'étant Catholique Romain & chantant la conversion de Henri IV., le Poëte a dû parler comme il a fait. Il est vrai que cette raison n'est pas si forte que la premiere pour excuser ce que je ne puis bien exprimer au sujet de l'Epitre dédicatoire à la Reine. Chanter la conversion de HENRI IV. & en dédier le Poëme à une Reine Protestante, sont en effet deux choses qui n'ont aucune liaison nécessaire. Mais, ne voyons ici que la grande & heureuse liberté dont les Sciences joüissent en ce Païs, puisqu'elles peuvent s'y exercer sur toutes sortes de sujets.

II.

Il seroit à souhaiter que dans le second Paragraphe de cette Epitre dédicatoire M. de *VOLTAIRE* n'eût point averti la Reine que la *Henriade* est un Livre admirable. " Votre Majesté, *dit-il,* trouvera dans ce
" Livre des vérités hardies & impartiales,
" une morale épurée, exempte de superfti-
" tion, un esprit de liberté également
" éloigné de la rebellion & de la tyrannie,
" les droits des Rois toûjours maintenus,
" ceux des Peuples jamais abandonnés.

YOUR

YOUR MAJESTY will find in this Book, bold impartial Truths; Morality unstained with Superstition; a Spirit of Liberty, equally abhorrent of Rebellion and of Tyranny; the Rights of KINGS always asserted, and those of Mankind never laid aside.

I. LETTRE.

M. de *VOLTAIRE* n'auroit-il pas dû, au moins, commencer ainsi? *J'espere que V. M. trouvera dans ce Livre &c.* ou employer quelque expression semblable, ou même n'auroit-il pas été mieux qu'il n'eût point fait entendre de cette maniere.

. . . . la longue Kirielle
Des rares qualités dont il se trouve orné.

Poes. de Fontenelle.

S. M. qui n'est pas seulement la Protectrice des Arts & des Sciences, mais qui de plus en fait mieux juger que personne, n'auroit-elle pas découvert elle même toutes les beautés de la *HENRIADE*, & jugé par là du merite de l'Auteur? Devoit-il l'annoncer lui même? Ce qu'on peut dire pour excuser, à cet égard, M. de *VOLTAIRE*, c'est que sa passion pour mériter la bien-veuillance d'une si grande Reine ne lui permettoit pas de differer à avertir S. M. qu'il en étoit digne.

Epit. dédicat.

III.

Il y a trois choses que j'oserai condamner dans le quatriéme Paragraphe de cette Epitre. M. de *VOLTAIRE* y parle ainsi. Nôtre " *DESCARTES* qui étoit le plus grand
" Philo-

I.
LETTRE.
" Philosophe de l'Europe avant que M. le
" Chevalier *NEWTON* parût, dédia ses
" Principes à la célebre Princesse Palatine
" *ELISABETH*, non, dit-il, parce qu'elle
" étoit Princesse, car les vrais Philosophes
" respectent les Princes & ne les *flatent* ja-
" mais ; mais parce que &c. *Our DESCAR-*
TES, who was the greatest Philosopher in Eu-
rope, before Sir ISAAC NEWTON appeared,
dedicated his Principles to the celebrated Prin-
cess Palatine ELIZABETH ; not said he,
because she was a Princess ; for true Philo-
sophers respect Princes, and never flater
them ; but because &c. Les trois choses que
je veux condamner sont le stile, le dessein,
& la pensée de toute cette enchainure de raisonnemens. A l'égard du stile, il n'y a personne qui ne sache qu'on doit, autant qu'on
le peut, éviter les parenthéses, mais sur
tout dans le stile épistolaire, & ce discours
de M. de *VOLTAIRE* en contient quatre ou
cinq entrelacées dans le peu de mots qui le
composent. M. de *VOLTAIRE* n'ignore pas
sans doute que c'est un défaut, de même qu'il
n'ignoroit pas que la Reine savoit quel
étoit *DESCARTES*. Il auroit pû dire simplement, *DESCARTES dédia ses Principes de*
Philosophie à l'illustre Princesse Palatine ELI-
SABETH, non parce qu'elle étoit Princesse, mais
parce que &c. Pourquoi donc, au lieu de
s'exprimer ainsi, s'est-il jetté dans les parenthéses ? Est-ce qu'il vouloit flater les
Anglois en reconnoissant leur compatriote
M. *NEWTON* pour le Prince des Philosophes, au dépens de M. *DESCARTES*, qui
étoit

étoit François? On pouroit dire à M. de VOLTAIRE sur sa décision, qui sera sans doute reçuë en Angleterre, mais qui peut-être ne le sera pas ailleurs; *I. LETTRE.*

Et vous, pour en juger, vous y connoissez vous? Boil. Sat 3.

Avés vous lû les ouvrages de M. NEW-TON? ce grand Mathématicien, ce grand Phisicien, ce grand Aftronome; que si peu de savans font capables d'entendre, & dont vous ignorés le langage? Avés vous même lû DESCARTES qui est si intelligible à tout le monde, & qui a si bien mis tous les Philofophes fur les voyes de la vérité, qu'il a donné lui même les moyens de découvrir les erreurs où il eft tombé, & fourni les armes avec lesquelles on peut le combattre? Quoi-qu'il en foit, il n'y a point d'Anglois judicieux qui ne fente que ce trait en faveur de M. NEWTON eft mal amené & n'eft qu'une flatterie déplacée. *Hæc eft ratio vivendi.* Horat. Sat. 8. L. II.

Mais que veut dire ceci, *DESCARTES dédia fes principes à la célebre Princeffe Palatine, non, parcequ'elle étoit Princeffe, car les vrais Philofophes refpectent les Princes & ne les flatent jamais, mais parce que &c.* Quoi donc les Auteurs Philofophes font-ils les feuls faifeurs d'Epitres dédicatoires *qui ne flatent point?* l'ufage de la flaterie eft-il un privilège refervé aux Poëtes & aux autres écrivains? fi cela eft, les loüanges qu'ils donnent ne doivent pas être d'un grand prix; je ne croi pas

B

pas que ce soit ce que M. de *VOLTAIRE* a voulu dire. Cependant cette petite parenthèse, *& ne les flatent jamais* ; fait entendre qu'à moins que d'être Philosophe, on ne peut dédier un livre, & sur tout aux Princes, sans être flateur ; de sorte que cette expression, où M. de *VOLTAIRE* s'applaudissoit peut-être d'avoir renfermé une réflexion très Philosophique, méritoit d'être suivie de quelque petite explication.

CHANT
Premier.

I.

Qui formidable & doux sut vaincre & pardonner.

L'Exactitude vouloit que *formidable* répondît à *vaincre* comme *doux* répond à *pardonner*, M. de *VOLTAIRE* l'a négligée, & il a eu tort. C'est une faute considerable contre l'élégance du stile. Car sans doute ce Poëte sait bien que, de ce qu'un Prince est *formidable*, il ne s'ensuit pas qu'il soit victorieux.

De plus le mot *doux* ne convient point à un Héros. Un Héros doux seroit un Héros fort insipide. Ce qui s'appelleroit *douceur* dans un particulier, dans un pere, & même dans

dans un Roi, doit être appellé dans un Héros *génerosité, clémence, bonté, magnanimité* : ainsi on peut dire d'un Héros qu'il eft *généreux, clément, magnanime,* & il faut même remarquer que fi on lui donnoit l'épithète de *bon* il la faudroit employer avec beaucoup de précaution. Il vaudroit mieux éviter de s'en fervir : telle eft la délicateffe de l'ufage, que quoiqu'on puiffe fort bien dire *la bonté d'un Héros,* le mot de *bon* eft un terme qui devient bas quand on le joint avec celui de *Héros.*

I. LETTRE.

II.

Je t'implore aujourd'hui févere vérité.

G. E. Pag. 2. vers 1.

Excepté l'epithète, *févère,* que le Poëte donne à la vérité, je trouve que les huit premiers vers de fon invocation font extrêmement beaux ; mais j'avouë qu'excepté le cinquiéme des fix qui les fuivent, ces fix vers me paroiffent faits, en dépit de Minerve, fort mauvais. Jugés moi.

P. E. p. 1. v. 7.

Viens, parle ; *& s'il eft vrai que la fable autrefois*
Sut à tes fiers accens, mèler fa douce voix ;
Si fa main délicate orna ta tête altiere ;
Si fon ombre embélit les traits de ta lumiere ;
Avec moi, fur tes pas, permets lui de marcher
Pour orner tes attraits, & non pour les cacher.

Ne croyés vous pas, MONSIEUR, que fi la fable *mèle fa douce voix aux fiers accens de la févère vérité,* il en doit refulter une caco-

cacophonie, à laquelle on ne comprendra rien ? du moins c'est ce que je m'imagine, ou pour mieux dire, ce que me font imaginer ces deux vers en me repréfentant la vérité & la fable perfonnifiées, & uniffant leurs voix. D'ailleurs on ne dit point *meler à,* mais *mèler avec,* cet *à* qui fait dans ce vers une faute de Langage, me fait croire que M. de *VOLTAIRE* avoit d'abord mis *joindre* au lieu de *mèler* qu'il y a fubftitué, de peur aparamment que *joindre* ne donnât trop l'idée d'un *duo.*

Si fa main délicate orna ta tête altiere.

Je n'avois jamais vû la vérité coëffée par la fable. Voila le nouveau fujet d'un tableau allégorique. Mais qu'exprimeroit l'allégorie ? je n'en fai rien, à moins que cela ne voulût dire que les hommes, fiers de la connoiffance de quelque vérité, y joignent toûjours des opinions & des chimères dont ils s'entêtent, comme de quelque chofe de très beau : Moralité, que le Poëte n'a ni voulu, ni dû faire entendre par ces vers.

Un Purifte chicaneroit fur une *tête altiere :* il foutiendroit qu'*altiere* ne fe dit que de toute la perfonne, de l'humeur, de la mine, & de l'air, ou des regards. Pour moi je crois que le Purifte auroit tort, & que fi M. de *VOLTAIRE* n'a pas d'exemple qui l'autorife, il a bien fait d'en donner un qui puiffe fervir d'autorité à d'autres, fi jamais fon ftile peut fervir d'autorité. Il faut diftinguer les négligences vicieufes qui corrompent la pureté, la force,

force, ou la noblesse d'une Langue, d'avec l'utile hardiesse qui contribue à l'enrichir. Mais ne peut on pas dire que le Poëte a négligé l'harmonie dans ce vers

Si sa main délicate orna ta tête altiere.

Cette *tête altiere* qui vient après *orna ta* fait une complication d'*a* & de *t orna ta té* qui produit un effet assés desagréable. Ne me trouverez vous pas bien cruel, MONSIEUR, de ne pas pardonner ici quelques sons peu coulans ? Quel Poëte est plus attentif que l'Auteur de la Henriade à faire règner l'harmonie dans ses vers, puisqu'il a tant d'égard pour elle qu'il lui sacrifie quelquefois la justesse du sens & la pureté du langage? Personne assurément ne fait des vers plus harmonieux que M. de *VOLTAIRE*, mais c'est par cela même qu'on ne doit pas lui pardonner les moindres discordances, puisqu'il lui est plus facile qu'à un autre d'y remedier.

Je n'examinerai point comment *les traits de la lumiere de la vérité peuvent être embélis par des ombres*, ni comment *ses attraits peuvent être ornés par la fable.* On sait que ce qui *orne* doit être plus beau que ce qui est orné. Je n'examinerai point non plus pourquoi le Poëte repréfente la vérité redoutable plutôt qu'aimable, car quoique le Poëme contienne des *vérités affreuses*, on doit distinguer la *VERITE*, *Deesse*, que le Poëte invoque, d'avec les *vérités*, *récits* que le Poëte va faire. Je reviens à dire que ces vers sont mauvais,

I.
LETTRE.

mauvais, sur tout, parce que l'allégorie n'offre que des images mal assorties dans leur varieté, & qu'ainsi elle ne présente point un sens juste ni suivi. Cette invocation est précisément la femme de l'art poëtique d'HORACE. M. de *VOLTAIRE* auroit mieux fait d'y exprimer en beaux vers ce que je vais me hazarder de dire dans les suivans ;

*Parle ; & puisqu'au Parnasse on te voit quelque
    fois
Emprunter de la fable, & la mine & la voix ;
Souffre, sans obscurcir l'éclat de ta lumiere,
Qu'elle ose de mes vers animer la matiere ;
Avec moi sur tes pas permets lui de marcher
Pour conserver tes traits & non pour les cacher.*

Si je ne me trompe, *MONSIEUR*, l'allégorie seroit plus juste, & marqueroit mieux le véritable usage qu'on peut faire de la fable en faveur de la vérité.

III.

*Quelus & S. Maigrin, Joyeuse, & d'Espernon,
Tirans voluptueux qui régnoient sous son nom,
D'un maitre efféminé corrupteurs politiques
Plongeoient dans les plaisirs ses langueurs
        létargiques.*

Le Poëte n'a sans doute appellé *voluptueux* les mignons de Henri III. que pour déguiser sous ce nom l'horreur de leurs débauches ; autrement ou ne pouroit s'empêcher d'accuser M. de *VOLTAIRE* d'avoir d'étrand'étranges idées de la Volupté. Mais que veulent dire des *langueurs létargiques*, *létargiques* n'est assurément mis là que pour rimer à *politiques*. Un homme que ses langueurs accablent d'un sommeil dont on ne peut le retirer n'est guere propre à être *plongé dans les plaisirs*.

_{I.}
_{LETTRE.}

L'Amour est comme Mars, ses travaux &
  ses peines
   Veulent de jeunes gens.

_{Poes. de Malherbe.}

IV.

A son Prince aveuglé vint montrer la lumiere.

_{G. E. p. 4. v. 4.}
_{P. E. p. 4. v. 8.}

Montrer la lumiere à un homme *aveuglé* c'est faire une action inutile : le Poëte devoit plutôt dire

A son Prince aveuglé vint rendre la lumiere.

Mais ç'auroit été un miracle qu'il ne convenoit pas de faire faire à Henri IV. puisqu'il n'étoit pas encore converti. L'exemple de Vespasien qui rendit la vûë à des aveugles n'auroit point justifié le Poëte.

V.

Aux ramparts de Paris les deux Rois s'avancerent.

_{G. E p. 7. v, 7.}
_{P. E. p. 7. v. 11.}

On ne dit point *s'avancer à* mais *s'avancer vers :* ainsi l'Auteur auroit dû dire.

Vers les murs de Paris les deux Rois s'avancerent.

VI.

I. LETTRE.

VI.

<small>G. E. p. 4.
v. 8.
P. E. p. 5.
v. 4.</small>
Au bruit de leurs exploits *cent peuples s'alarmerent.*

Il faloit, *au bruit de leurs projets* ou *au bruit de leurs desseins.* Ces deux Princes n'avoient encore rien fait de concert, ils ne faisoient que rassembler leurs soldats, comme M. de *VOLTAIRE* le dit lui même bien-tôt après.

VII.

<small>G. E. p. 4.
v. 16.
P. E. p. 5.
v. 4.</small>
De ses esclaves même est l'ennemi terrible.

La Remarque est curieuse! je voudrois bien savoir quand l'amitié permet la tirannie, & si l'esclavage ne suppose pas la tirannie, & la tirannie une inimitié redoutable? Ce *même* d'ailleurs est très élégant!

VIII.

<small>G. E. p. 4.
v. 17.
P. E. p. 5.
v. 5.</small>
Aux *malheurs des mortels il borne ses* desseins.

Desseins demande un verbe après soi. On peut bien dire peut-être, *borner ses desseins à acquerir des richesses, borner ses desseins à faire du mal*, mais je doute qu'on puisse dire *borner ses desseins aux richesses, borner ses desseins au mal.* L'expression seroit louche, & le seroit d'autant plus qu'elle n'est pas usitée,

car

car s'il eſt vrai qu'il y a des façons de parler qui ſont grammaticalement louches, & qu'un bon Auteur peut cependant employer quelque fois, c'eſt uniquement parce que l'uſage, généralement reçu, en a déterminé le ſens d'une maniere particuliere. Mais malgré cela un bon écrivain évitera toûjours ces ſortes d'expreſſions dans le ſtile ſoûtenu.

IX.

Il habite en tiran *dans les cœurs qu'il déchire.* G. E. p. 4. v. 19.
P. E. p. 5. v. 7.

Cet *en tiran* eſt encore très judicieuſement obſervé ! on peut joindre ce vers avec celui de la Remarque VII. & les envoyer l'un & l'autre à l'Abbé *PELEGRIN* pour leur trouver place dans quelque Opera.

X.

Cent chefs ſont auprès d'eux, fiers ſoûtiens G. E. p. 4.
de la France v. 3, 4.
P. E. p. 5.
Diviſés par leur ſecte, unis par la ven- v. 11.
geance.

Je ne ſai pas ſi l'uſage permet qu'on diſe *des ſoûtiens* au plurier, mais quand il ne le permettroit pas je ne pourrois que loüer M. de *VOLTAIRE* de l'avoir dit ; il eſt préciſément

ment dans le cas qui l'autorife à prendre cette licence.

Horat. art. poet.

*Dixeris egregie notum fi callida verbum
Reddiderit junctura novum.*

Ce n'eſt que dans le vers ſuivant qu'il y a une faute. Ces chefs étoient diviſés par le difference des ſectes, ils ne pouvoient donc pas être *d'une même ſecte*; par conſéquent il faloit *leurs ſectes* au plurier: mon argument eſt en forme mais *leurs ſectes* au plurier ne convenoit point à la céſure.

XI.

G. E. p. 5.
v. 15.
P. E. p. 6.
v. 7.

Mais *Henri s'avançoit.*

Ce *mais* là ne ſert qu'à la meſure du vers, ou ne fait que gâter le ſens du diſcours, à moins que le Poëte ne l'ait mis pour *tandis que* ou *lorsque*, dans lequel ſens j'oſe aſſurer que l'autorité de M. de *VOLTAIRE* ne le faira jamais recevoir.

XII.

G. E. p. 7.
v. 4.
P. E. p. 8.
v. 4.

Dans la France à mon tour appellons
l'étranger.

Il y a des perſonnes qui prétendent que *mon tour* étant au ſingulier ne doit pas ſe trouver joint avec *appellons* qui eſt au plurier.

rier. Suppofés que ces perfonnes ayent raifon comme il y a lieu de le croire, M. de VOLTAIRE devoit être d'autant plus foigneux d'éviter ces fortes d'expreffions qu'on l'avoit accufé d'avoir fait une faute confiderable contre la Langue dans ces vers de fa tragédie d'Œdipe.

I.
LETTRE.

Et dis *moi, fi des Dieux la colère inhumaine
A du moins refpecté les jours de* votre *Reine.*

Quoiqu'on puiffe trouver quelque raifon, peut-être affés plaufible, pour excufer ce *dis moi* & *votre Reine.*

XIII.

Que Londre eft de tout tems *l'émule de Paris.*

G. E. p. 7.
v. 8.
P. E. p. 8.
v. 8.

Deux chofes devoient engager M. de VOLTAIRE à dire.

Londres fut de tout tems l'émule de Paris.

Il auroit été plus poëtique de fupprimer le *que*, parce que l'expreffion auroit été plus vive, & en mettant *fut* elle auroit été plus correcte. On pourroit bien dire

Londre eft depuis long-tems l'émule de Paris.

parce que *depuis long-tems* ne préfente à l'efprit qu'une contiguité de durée qui eft liée avec le tems préfent; mais *de tout tems* pré-

présente à l'esprit un tems fort éloigné & tout-à-fait séparé du présent ; desorte que *de tout tems* demande un préterit indéfini & non pas le présent d'un verbe.

XIV.

G. E. p. 7.
v. 27.
P. E. p. 8.
v. 17.

Allés dans Albion.

Aller dans quelque lieu ne se dit jamais que par inversion ; desorte qu'il faut nécessairement qu'il y ait un infinitif auquel *aller* se rapporte, parce qu'il ne peut se rapporter à *dans quelque lieu*, *dans* n'étant préposition de lieu que pour marquer qu'une chose y est contenuë. Par cette raison on ne pourroit pas dire *allés dans Londres & que vôtre merite vous y fasse beaucoup d'amis* ; par ce qu'alors il n'y auroit point de verbe auquel *allés* pût se rapporter, & qu'il ne peut se rapporter à *dans*. Mais on pourroit bien dire *allés dans Londres solliciter mon procès. Allés dans Londres trouver M. . . . . & l'avertir,* parce que *dans Londres* ne se rapporte pas à *allés* mais à *solliciter*, à *trouver*, à *avertir*, c'est comme si l'on disoit *allés solliciter dans Londres mon procès, allés trouver dans Londres M. . . . & l'avertir* &c. c'est encore pourquoi *dans* ne peut être joint avec un lieu si vaste, que l'idée en seroit trop indéterminée, desorte que si on peut dire *allés dans Paris me choisir du meilleur vin*, on ne pourroit pas bien dire *allés dans la France m'acheter d'excellent champagne* ; à plus forte raison ne diroit-on pas *allés dans France,*

France, allés dans Angleterre, allés dans Albion.   I. LETTRE.

Il est surprenant qu'un Poëte qui a fait des tragédies, un Poëme épique, sans parler de ces petites pièces où la politesse & l'agrément doivent règner, ignore l'usage des prépositions *dans* & *en*, & ne sache pas surtout que la premiere veut toûjours un article, excepté devant les noms de ville; & que la seconde n'en veut jamais, en-tant que préposition de lieu, & même en toute autre occasion, excepté quand le nom qu'elle régit est au singulier, qu'il commence par une voyelle ou un *h* muette & qu'il gouverne un autre nom, comme *en l'absence du Gouverneur*, *en l'honneur du Roi*, &c. Si M. de VOLTAIRE avoit pris la peine de consulter la grammaire de l'Abbé REGNIER DESMARAIS, il y auroit apris que quoique les deux prépositions *dans* & *en* puissent être quelque fois employées l'une pour l'autre, *elles ne laissent pas d'être d'ailleurs si differentes, quant à certains usages, que ce ne seroit pas parler François que de les confondre.*

XV.

Et laissant ses lauriers cüeillis sur ce rivage.   G. E. p. 7, v 7. P. E. p 9. v. 11.

Sur quel rivage? le Poëte entend-il Paris? mais on ne peut pas dire que Paris est un rivage. Il entend apparament le rivage de la Seine, mais il n'a point parlé de cette riviere, il n'a pas même dit que l'armée des deux Rois fût campée sur ses bords. Cette inexacti-

inexactitude de M. de *VOLTAIRE* est une marque que la critique de ses ouvrages ne fait pas grande impression sur lui. Il avoit dit dans son Œdipe en parlant de Thebes,

Un monstre furieux vint ravager ces bords.

Mais la stérilité sur ce funeste bord.

Sur quoi on remarqua, que la ville de "de Thebes étoit éloignée de la mer, qu'on "ne pourroit pas dire qu'*un monstre furieux* "*est venu ravager les bords de Paris* : on dit "*le bord d'une riviere, d'un fossé*, mais qu'on "ne dit point *le bord d'une Ville* ni *le bord* "*d'un Royaume.* Ceci auroit dû faire penser M. de *VOLTAIRE* à l'usage qu'il a fait de *ce rivage*, & l'engager même à examiner si l'on peut bien dire *le rivage d'une Riviere* au lieu *des rives* ou *des bords d'une Riviere.*

XVI.

A partir de ces lieux il força son courage.

Voila une figure bien mal employée, pourquoi aller personnifier le courage, & ne pas dire simplement

Pour partir de ces lieux il força *son courage ?*

Est-ce une beauté Poëtique que de dire *forcer son courage à partir d'un lieu ?* Disons plus;

ce

ce vers même *pour partir de ces lieux il força son courage* seroit très mauvais. Comment HENRI IV. auroit-il pû *forcer* son courage ? Avoit-il un courage plus fort que le sien ? Un courage ne peut être forcé que par un courage plus fort.

LETTRE I.

XVII.

Les Vaisseaux sous leurs mains fiers souverains *des ondes*.

G. E. p. 9.
v. 7.
P. E. p. 10.
v. 13.

Voila un vers bien harmonieux, mais d'ailleurs bien mauvais. Le Poëte ne l'a forgé qu'avec le secours de l'imagination & de l'oreille : *sous leurs mains* présente une idée basse qui contraste mal avec *fiers souverains des ondes*, qui en présente une magnifique : & d'ailleurs pourquoi appeller *fiers souverains des ondes* des vaisseaux qui vont être tout-à-l'heure le jouet des ondes & des vents ? étoit-ce au commencement de la description d'une tempête que le Poëte devoit appeller les vaisseaux *les fiers souverains des ondes*. HORACE auroit dit que *ce n'étoit pas là le lieu de les appeller ainsi* & LONGIN plus sévere auroit ajouté que *ce n'est autre chose qu'une pensée d'écolier qui pour être trop recherchée devient froide*.

XVIII.

XVIII.

G. E. p. 9. *On leve l'ancre, on part, on fuit* loin *de la terre*
v. 13. *On découvroit* de loin *les bords de l'Angleterre;*
P. E. p. 11. *L'aftre brillant du jour* à l'inftant *s'obfcurcit,*
v. 1. &, fuiv. *L'air fiffle, le ciel gronde, & l'onde* au loin *gémit,*
Les vents font déchainés fur les vagues émûes,
La foudre étincelante éclate dans les nuës,
Et le feu des éclairs, & l'abime des flots
Offroient *par tout la mort aux pales matelots.*

Dans les quatre premiers vers *loin, de loin, au loin* font un mauvais effet, il étoit aifé d'y remedier en fubftituant *déja* au *de loin* du fecond vers.

On découvroit déja les bords de l'Angleterre.

Tout-à-coup auroit été mieux qu'*à l'inftant* qu'on lit au troifiéme vers, d'autant plus que la narration commence par un préterit imparfait.

L'onde au loin *gémit* n'exprime pas bien l'effet *des vagues émûes par des vents déchainés*, il faloit *mugit* qui rime, auffi bien que *gémit*, avec *obfcurcit*.

Les deux vers qui fuivent ce *gémit* n'ont été faits apparamment que parceque le Poëte avoit befoin de deux rimes féminines, ils ne font qu'un commentaire de celui qui les précède.

Offroient

Offroient par tout la mort. Il faloit *offrent.* L. LETTRE. Ce changement de tems loin de relever la description en affoiblit l'image puisqu'il éloigne le danger.

XIX.

*Tel, & moins généreux au rivage d'*Epire. G. É p. 10. v. 3.
P. É. p. 11.
Ne faloit-il pas *de l'Epire ?* Mais le vers v. 13. n'y feroit pas.

XX.

Dans ce même moment le DIEU de l'univers G. É. p. 10. v. 9.
Qui vole fur les vents, qui souleve les mers ; P. É. p. 12.
Ce DIEU dont la sageffe inéffable & profonde v. 1.
Change, éleve, & détruit les empires du monde
De son trône enflammé, qui luit au haut des
    Cieux,
Sur le Héros François daigna baiffer les yeux.

Ces paroles *qui vole fur les vents, qui souleve les mers,* & *ce trône enflammé qui luit au haut des Cieux* ne font qu'affoiblir l'idée magnifique que préfentent d'abord ces deux mots *le Dieu de l'univers.*

Change, éleve, & détruit. Forme auroit été plus propre à la gradation que *change,* dont la fignification eft en quelque maniere renfermée dans *détruit.*

D   XXI.

XXI.

<small>G.E. p. 11.
v. 9.</small> *C'est là qu'il regretoit ses inutiles jours*
<small>P.E. p. 13.</small> *Perdus dans les plaisirs*, plongés *dans les amours.*
<small>v. 5.</small> *Sur l'émail de ces prés, au bord de ces fontaines*
Il fouloit à ses *pieds les passions humaines ;*
Tranquille il attendoit qu'au gré de ses souhaits
La mort vint à son Dieu le rejoindre à jamais.

 Peut-être qu'on peut bien dire *plongé dans l'amour*, mais *les Amours*, au plurier, ne se prend jamais que pour signifier *ces petits Dieux* que les cerveaux des Poëtes ont enfantés, qui voltigent par tout autour de leurs maitresses, ou qui se rejouissent de la resurrection des Héros de l'Opera.

<small>Prolog.
d'Amadis.</small> *Volés, tendres* AMOURS, AMADIS *va revivre.*

 Outre cela, qu'est-ce que c'est que *des jours plongés ?* l'a-t-on jamais dit, & le peut-on dire ? *des jours plongés dans les amours*, quel langage ?
 Fouler aux pieds les passions se dit figurément, mais lorsqu'on y ajoute un pronom possessif c'est sortir du figuré & tomber dans le propre ; ainsi je puis dire que *je foule à mes pieds l'émail des prairies,* parce qu'en effet cet émail est sous mes pieds, mais je ne puis pas dire que *je foule à mes pieds les passions,* parce qu'en effet elles n'y sont pas. De sorte que sans faire le mauvais plaisant on pourroit demander à M. de *VOLTAIRE*

si *les passions humaines* étoient donc sur *l'émail de ces prés & au bord des fontaines?* puisqu'en *s'y promenant le vieillard les fouloit à ses pieds*; je dirai plus, c'est que quand on pourroit dire figurément qu'*un homme foule aux pieds ses passions*, M. de *VOLTAIRE* auroit dû éviter ici cette expression figurée, à cause du rapport qu'il y a entre l'idée que donne cette expression & celle que présente le vers qui la précede. De cette analogie d'idée il résulte une espece de jeu de pensées & de mots indigne de la majesté du Poëme épique. Souffrés, *MONSIEUR*, que je vous communique ici une réflexion que j'ai faite il y a long-tems, & qui, de même que bien d'autres, n'a pas produit en moi les bons effets qu'elle auroit dû y produire. Il y a beaucoup d'Ecrivains dans le monde: on en trouve parmi le grand nombre quelques uns très habiles, qui approfondissent & exposent à merveille le sujet qu'ils traitent, cependant vous m'avoüerés qu'il y en a très peu qui écrivent bien, & qu'il est moins ordinaire d'être content du stile d'un Auteur, que de l'être de son esprit & de son habileté. D'où vient cela, je vous prie? Ne croyés vous pas comme moi qu'il y a peu de personnes qui fassent les réflexions nécessaires sur l'analogie des expressions & des idées? Car n'est-ce pas ce qui fait le fonds des graces du discours, ce qui contribuë principalement à la politesse & à la perfection du stile, à ce charme séduisant qui attache sur un livre dont le sujet même n'interesse gueres le lecteur. Pour moi plus j'y pense, plus il me me semble que c'est par là principalement que le stile paroit noble, aisé, naturel, soûtenu, égal, lors même qu'il est le plus varié : aussi voyons nous que *CESAR* se fit une étude particuliere de l'analogie des mots, sur quoi il composa un livre entier. Pardonnés moi cette digression, que je ne puis cependant finir sans ajouter que l'analogie est si importante, que je crois qu'il n'y a point d'usage de terme, de façon de parler, quelque bizarre qu'elle paroisse, dont on ne puisse rendre raison par l'analogie ou des idées ou des mots. Je ne doute pas qu'elle ne soit ce *Principe caché, cette Raison sourde* dont parle le P. Du *CERCEAU* dans ses *reflexions* sur la *Poësie Françoise ?* Mais le peu de soin qu'on a eu de s'y appliquer, fait qu'elle est encore une des causes occultes de la Grammaire, comme l'attraction est une des causes occultes de la Phisique de M. *NEWTON*.

XXII.

Tranquille il attendoit qu'au gré de ses souhaits.
La mort vint à son Dieu le rejoindre à jamais.

Au gré de ses souhaits ne s'entend point. Le Poëte vouloit-il marquer par ces mots que le vieillard attendoit une mort à son gré ? C'est-à-dire lente, ou subite ? Il n'y a pas lieu de le croire. M. de *VOLTAIRE* a voulu dire apparamment que ce vieillard souhaitoit que la mort *vint le rejoindre à son Dieu*,
mais

mais si c'est ce que ce Poëte a voulu dire il n'a fait que le vouloir.

J'étendrai ma Critique plus loin. Ce n'est pas pour condamner M. de *VOLTAIRE* mais pour condamner une expression usitée par bien d'autres que par lui & sur tout par les Mystiques; c'est celle-cy *la mort nous rejoint à Dieu.* Il me semble que cette expression ne convient qu'aux Pytagoriciens.

Ne m'accuserés vous pas, MONSIEUR, d'être trop difficile: Madame L. C. vous dira que quand j'ai commencé cette Critique j'avois vû de ces gens dont la mine me met de mauvaise humeur, mais, MONSIEUR, peut-on exiger trop d'exactitude de M. de *VOLTAIRE*? Un homme qui a un si grand talent pour la Poësie, & qui l'exerce, doit-il négliger les moindres choses qui peuvent nuire ou contribuer à la perfection de ses ouvrages; & la pureté de la diction est-elle à vôtre avis une minutie qu'un écrivain doive negliger? Si M. de *VOLTAIRE* a lû *CICERON* il y aura trouvé quelque-part cette réflexion judicieuse, qu'*il n'est pas honteux d'ignorer une langue étrangere; mais qu'il est très honteux d'ignorer la sienne propre*; & s'il ne l'a pas lû, du moins a-t-il vû cette leçon dans le premier chant de l'Art Poëtique de *BOILEAU*.

Sur tout, qu'en vos écrits la langue réverée
Dans vos plus grands excès vous soit toûjours
      sacrée.

                                  En vain

> En vain vous me frappés d'un son mélodieux,
> Si le terme est impropre, ou le tour vicieux :
> Mon esprit n'admet point un pompeux bar-
> barisme,
> Ni d'un vers empoulé l'orgueilleux solécisme;
> Sans la langue, en un mot, l'Auteur le plus
> divin
> Est toûjours, quoiqu'il fasse, un méchant
> écrivain.

La décision de *BOILEAU* n'est pas outrée. La Poësie suppose la Grammaire, il faut parler François avant que d'entreprendre de faire des vers François. Un écrivain qui ne sait pas parfaitement sa langue se fait tort à lui même, il en fait à ses écrits, & devient nuisible à ses lecteurs. Il se fait tort à lui même, parce que l'ignorance de la proprieté des termes & de l'exactitude de la construction le prive de l'intelligence de cette analogie dont je vous ai parlé, l'empêche de rendre ses pensées avec la force, la précision, la clarté nécessaires pour en faire sentir la justesse & la beauté, & se prive par là d'atteindre au grand ou au sublime, ou de les reconnoitre & de les conserver s'il y atteint par hazard. Il fait tort à ses écris, puisqu'il les rend par là moins agréables, moins dignes d'admiration. Il devient nuisible à ses lecteurs, en ce que se trouvant obligés de partager leur attention entre les fautes du stile & l'intelligence du sens, il les fatigue par là, ou les expose à contracter des façons de parler vicieuses;

Ainsi

Ainsi ce n'est pas sans raison que BOILEAU dit

L. LETTRE.

Sans la langue, en un mot, l'Auteur le plus divin
Est toûjours, quoi qu'il fasse, un méchant écrivain.

XXIII.

Helas ! un DIEU si bon, qui de l'homme est le maitre,
En eût été servi s'il avoit voulu l'être.

G. E. p. 12. v. 13.
P. E. p. 14. v. 13.

Ces deux vers que le Poëte fait dire à HENRI IV. renferment un sentiment indigne d'un homme raisonable, & ne conviennent point à un Prince qui demande à DIEU que *ses yeux soient dessillés*. Ces vers ne renferment qu'une objection triviale dans la bouche des libertins, & qui ne consiste que dans une pitoyable équivoque que M. de VOLTAIRE ne devoit pas mettre en œuvre.

XXIV.

Je l'ai vû sans support, exilé dans nos murs.

G. E. p. 12. v. 19.
P. E. p. 15. v. 3.

Il s'agit du Calvinisme; mais qu'est-ce que le vieillard entend par *exilé dans nos murs?* Veut-il marquer la ville où il demeuroit autre-fois ? L'expression est basse. Entend-il les villes qu'on avoit accordées aux Huguenots par un Edit ? L'expression demande un commentaire. Il faloit *se glisser*, au lieu d'*exilé*. La suite même le demande.

Je l'ai vû sans support se glisser dans nos murs,
S'avancer à pas lents par cent détours obscurs.

XXV.

XXV.

G.E. p. 13.
v. 19.
P.E. p. 16.
v. 7.

.... *sa main dans les combats*
Au trône des VALOIS va conduire vos pas.

Ceci auroit grand besoin d'être mis sur l'enclume.

Hor. Art. Poet.

Et malè tornatos incudi reddere versus.

Ce *dans les combats* est une inversion & une expression bien forcée; faites je vous prie, MONSIEUR, la construction de ces vers comme si vous vouliés les mettre en prose.

XXVI.

G.E. p. 14.
v. 1.
P.E. p. 16.
v. 11.

Mais si la vérité n'éclaire vos esprits,
N'esperés point entrer dans les murs de Paris.

Vos esprits convient à la rime mais non pas à la raison. *Esprits* au pluriel (lorsque ce mot ne regarde pas plusieurs personnes) marque les *esprits animaux* & non pas *l'esprit*, *l'ame*, qui seule peut-être éclairée de la vérité.

XXVII.

G.E. p. 14.
v. 5.
P.E. p. 16.
v. 15.

Craignés vos passions & sachés quelque jour
Résister au plaisir & combatre l'amour.

C'est le conseil que le sage Vieillard donne à HENRI IV. mais il faut avoüer que ce conseil

feil n'eſt pas ſevère, puiſque ne devant être ſuivi que *quelque jour*, il laiſſe encore du tems à HENRI IV. pour ſe divertir, je crois pourtant que le vieillard l'a plus fait en faveur de la rime qu'en faveur du Prince. Un homme pour qui *le Ciel a fait deſcendre la ſageſſe* ne doit pas être un docteur relaché.

I. LETTRE.

XXVIII.

Vous leverés les yeux vers le DIEU de vos peres;
Vous verrés qu'un cœur droit peut eſperer en lui
Et que qui lui reſſemble eſt ſûr de ſon appui.

G.E. p. 14. v. 12,
P.E. p. 17. v. 4.

Ce troiſiéme vers renferme une flaterie baſſe & impie, indigne du ſage Vieillard qui parle. Ne manquoit-il donc à HENRI IV. pour *reſſembler à DIEU* que d'être Catholique Romain? Cette expreſſion *reſſembler à DIEU* ne convient qu'à l'ignorance orgueilleuſe d'un Stoïcien, qui ſubſtituë au vrai DIEU un Dieu fantaſtique, & qui n'a qu'une fauſſe idée de la vertu.

A l'egard de la beauté du vers, il y a un *que qui*, pour qui il auroit falu prendre en main *le rabot & la lime*.

XXIX.

MORNAY parut ſurpris & ne fut point touché,
DIEU maitre de ſes dons de lui s'étoit caché.

G.E. p. 15. v. 3.
P.E. p. 17. v. 17.

Il faut avoüer que M. de *VOLTAIRE* eſt bien dans les intereſts de *DUPLESSIS MORNAY*: à peine l'a-t-il accuſé d'être dans l'erreur

E

reur que ce Poëte en rejette la faute sur *DIEU* même: car assurément si *DIEU* s'étoit caché de *MORNAY*, *MORNAY* ne pouvoit pas le voir. Qui croiroit que M. de *VOLTAIRE* fut Janseniste ? Cependant *de lui s'étoit caché*, est une inversion très mauvaise.

XXX.

De leurs nombreux *troupeaux leurs plaines font couvertes.*

Il auroit mieux valu dire

De leurs troupeaux féconds *leurs plaines font couvertes.*

Féconds ajoûte quelque chose à l'idée, il joint la fécondité à l'abondance, au lieu que *nombreux* ne dit rien, car sans doute que, puisque les plaines de l'Angleterre sont couvertes de troupeaux, il faut que ces troupeaux soient en grand nombre.

XXXI.

Londre jadis barbare est le centre des arts, Le magazin du monde, & l'azile de MARS.

Je voudrois bien savoir pour quelle fine raison M. de *VOLTAIRE* appelle Londres *l'azile de MARS* au lieu de l'appeller *la ville*, *le sejour* ou *l'école de MARS*; tous mots qui s'ajustoient aussi bien qu'*azile* avec la mesure du vers. Le Poëte a-t-il dégradé le Dieu *MARS* ; car si *MARS* est encore le Dieu

Dieu de la guerre, il n'a pas besoin d'un azile, c'est lui au contraire qui oblige les autres à en chercher.

XXXII.

Aux *murs de Westminster, on voit paroitre ensemble* G.F. p. 16. v 13.
Trois Pouvoirs étonnés du nœud qui les rassemble P. E. p 19. v. 13.
Les députés du peuple, & les Grands, & le Roi,
Divisés d'interêt, réünis par la loi.
Tous trois membres sacrés de ce Corps invincible,
Dangereux à lui même, à ses voisins terrible.

J'ai oüi dire que M. de VOLTAIRE regardoit la description qu'il donne ici de l'Angleterre comme un des plus beaux morceaux de son ouvrage; & un Critique, dont on croit qu'il tenoit la plume, finit l'examen du premier chant par ces paroles; *Au reste nous admirons l'excellente peinture que M. de VOLTAIRE a faite de l'Angleterre, il me paroit que c'est le plus bel endroit de son premier chant.* On pourroit dire que l'éloge de ce Critique est fondé sur les vers de LUCRECE.

Omnia enim stolidi magis admirantur amantque, De Natur.
Inversis quæ sub verbis latitantia cernunt : Rerum.
Veraq; constituunt quæ belle tangere possunt Lib. 1.
Aureis, & lepido quæ sunt fucata sonore.

Desorte que, si cette description a trouvé un grand nombre d'approbateurs, ce qu'on peut affûrer, c'est qu'il faut se garder de la séduction des antitheses & du galimatias harmonieux. Ne vous ressouviendriés vous pas, MONSIEUR, du commencement d'une Ode de M. *de la MOTTE.*

> Jusqu'à quand, bruyantes paroles,
> Agencement de sons frivoles
> Seduirés-vous tous les esprits ?
> Pourquoi prodigant son estime,
> Se hâter de trouver sublime,
> Ce qu'on n'a pas encore compris.

Car j'ose assûrer que tous ceux qui lisent cette description peuvent bien déviner, & croire que le Poète a voulu dire ce qu'ils s'imaginent; mais que ces vers leur donnent quelques idées justes & distinctes, c'est ce qui me paroit impossible. Ce seroit s'engager dans une trop longue dissertation que de rechercher, pourquoi *ces Pouvoirs sont étonnés du nœud qui les rassemble.* Quel sujet d'étonnement il y a de voir trois Corps, établis par la constitution d'un Royaume, s'assembler pour travailler au bien du Gouvernement ? Comment *le Roi, les Grands, & les Députés du peuple,* qui ne sont ce qu'ils sont que par la loi, sont toutefois divisés d'interêt & réünis par elle ? En quoi leurs interêts sont-ils différens ? En quoi peuvent ils l'être, en tant que Puissances établies pour le gouvernement de l'Etat ? Au contraire n'est-ce pas précisément un interêt commun qui les *rassemble*, comme c'est son objet qui les a établis. J'oserois défier le
plus

plus habile Commentateur d'expofer d'une maniere claire ce que le Poëte a voulu dire par ces vers, quand le Poëte même tacheroit d'expliquer l'idée confufe fur laquelle il a bâti *l'étonnement de ces trois Pouvoirs*, & élevé les *étonnantes* antithèfes de ces beaux vers. Si M. de *VOLTAIRE* avoit un peu mieux approfondi la nature du Gouvernement; qu'il eût fait attention que la conftitution de l'Angleterre a été autrefois établie dans prefque tous les Etats de l'Europe; qu'elle eft encore maintenue dans quelques uns de ces Etats; ou s'il avoit pris la peine de jetter les yeux fur un petit livre de FORTESCUE intitulé, fi je ne me trompe, *de laudibus Legum Angliæ*, il auroit affurement vû qu'il n'y avoit aucun fujet d'étonnement dans l'établiffement du Parlement de la Grande Bretagne; qu'il n'y avoit, au contraire, rien de plus naturel: & ce Poëte auroit alors rendu fa *peinture* plus digne de fon admiration; au lieu que

> Profcrivant les termes vulgaires,
> Son difcours de mots temeraires
> N'eft qu'un affemblage importun.
> De raifon, de juftefle avare,
> Pour une extravagance rare
> Il dédaigne le fens commun.

Poefies de la Motte.

Cependant lorfque je demande des éclairciffements politiques à d'autres plus habiles que moi, je me bornerai, *MONSIEUR*, à faire ici quelques obfervations Grammaticales.

<small>I.
LETTRE</small> 1. Il ne faloit point dire *rassemble* mais *assemble*.

2. Quoique *Pouvoir* se prenne quelquefois pour *Puissance*, ce n'est jamais pour signifier un Corps politique. On ne dit point *les Pouvoirs de l'Europe sont en guerre. On a fait alliance avec les Pouvoirs du Nord*, mais bien *les Puissances de l'Europe sont en guerre. On a fait alliance avec les Puissances du Nord.* Ainsi pour parler François il auroit falu dire *trois Puissances étonnées* au lieu de dire *trois Pouvoirs étonnés*.

3. *Pouvoirs* ne se dit au plurier que pour marquer les commissions ou les actes qui autorisent des Plénipotentiaires à agir.

4. On ne dit point *voir paroitre à des murs*. Lors qu'on veut exprimer figurément une ville ou un palais où l'on voit quelqu'un, il faut dire *voir paroitre dans les murs :* mais *dans les murs* donnoit à M. de *VOLTAIRE* une sillabe de trop.

Je ne dirai rien *d'ensemble*, on voit aisément qu'il n'est mis là que pour la rime.

XXXIII.

<small>G. E. p. 16.
v. 19.</small> Heureux *lorsque le peuple, instruit dans son devoir,*
<small>P. E. p. 20.
v. 3.</small> *Respecte autant qu'il doit le souverain Pouvoir :*
Plus heureux *lorsqu'un Roi, doux, juste,*
& politique
Respecte autant qu'il doit la liberté publique.

Ces vers finissent l'*étonnante* description des trois Pouvoirs qui paroissent ensemble aux murs de *Westminster*. Heureux

Heureux du premier de ces quatre vers, & *plus heureux* du troisiéme ne peuvent se rapporter qu'à ces *trois Pouvoirs* que je crois être appellés en langue vulgaire, *le Parlement.* Mais en quoi le Parlement est-il moins *heureux* lorsque le peuple, instruit dans son devoir, respecte le pouvoir souverain, qu'il ne l'est lorsqu'un Roi doux & juste respecte la liberté de la Nation? Est-ce qu'il n'est pas aussi important que le peuple soit instruit de ses devoirs & respecte les loix, qu'il est important qu'un Roi n'attente pas à la liberté publique? C'est encore surquoi M. de *VOLTAIRE* ou quelque commentateur pourroit donner un éclaircissement utile & curieux! A moins qu'ils ne veuillent qu'on pense que le Poëte employe à dessein des termes plus propres à surprendre ses Lecteurs sous la mysterieuse apparence d'un grand sens, que propres à leur présenter des idées vrayes & satisfaisantes: Ce qui seroit chercher à réussir en donnant du clinquant pour de l'or.

Politique du troisiéme de ces vers est encore un de ces mots que le Poëte fait venir en faveur de la rime, quoique ce soit au dépens de la raison; *la politique*, selon la définition de M. de *VOLTAIRE* même, est *la fille de l'Ambition & de l'Interêt, d'où naissent la séduction, & la fraude.* Ainsi qu'est-ce que c'est qu'un Roi *politique*, & comment ce titre peut-il s'accorder avec celui de *juste* ?

XXXIV.

XXXIV.

<small>G. E. p. 17.
v. 7.
P. E. p. 20.
v. 13.</small> *Cependant il arrive à cette ville immense*
Où la liberté seule entretient l'abondance.

Le Poëte, qui fait ici le sententieux, ne dit pas assés pour vouloir dire trop ; ce n'est point la liberté seule qui entretient l'abondance, c'est la liberté jointe au travail.

XXXV.

<small>G. E. p. 17.
v. 17.
P. E. p. 21.
v. 7.</small> *Et jusqu'à la priere* humiliant *son cœur,*
Dans ses soûmissions *découvre sa grandeur.*

Cela est dit de HENRI IV. lorsqu'il fut demander du secours à la Reine d'Angleterre ; voila un *humiliant* & *des soûmissions* déplacées. Un Héros ne *s'humilie* point quand il prie, ses prieres ne sont point accompagnées de *soûmissions :* cela ne s'accorde point avec la grandeur de son caractère. Dailleurs pourquoi des soûmissions en priant la Reine Élisabeth ? On n'en doit qu'à ceux qu'on a offensés, ou bien qu'à ceux qu'on croit d'un caractère assés lache pour ne pouvoir être touchés qu'à proportion qu'on flate leur orgüeuil, mais les Héros dédaignent de prier ces sortes de gens. HENRI IV. n'avoit point offensé la Reine ELISABETH, & il avoit une si haute idée des vertus de cette Reine, que les quatre vers suivans suffisoient

pour

pour aſſûrer ce Prince qu'il obtiendroit d'elle   I.
le ſecours qu'il venoit lui demander   LETTRE.

Vous pouvés, grande Reine, en cette juſte guerre   G.E. p.18.
Signaler à jamais le nom de l'Angleterre,   v. 15.
                                       P. E. p.22.
Couronner vos vertus en défendant nos droits,   v. 9.
Et vanger avec moi la querelle des Rois.

&*vanger avec moi*; ces mots ſi nobles, par lesquels HENRI IV. s'aſſocie la Reine dans les grandes actions qu'il médite, ne marquent gueres *les humiliations & les ſoûmiſſions* dont M. de *VOLTAIRE* a parlé.

XXXVI

Surtout en écoutant ces triſtes avantures   G. E. p. 20.
Pardonnés, grande Reine, à des vérités dures   v, 3.
                                      P. E. p. 24.
Qu'un autre auroit pû taire, ou ſauroit mieux   v. 5.
      voiler,
Mais que jamais BOURBON n'a pû diſſimuler.

Ces trois derniers vers devoient être ſans doute bien remis ſur l'enclume ; ou pour mieux dire, ces quatre vers ſont tout à fait inutiles & devoient être ſupprimés.

Pardonnés, grande Reine, à des vérités dures.

Ne diroît-on pas que HENRI IV. va dire à la Reine ELISABETH des vérités deſobligeantes dont elle pourroit s'offenſer ? Car enfin, s'il ne va rien lui dire d'offenſant
                  F   pour-

I.
LETTRE. pourquoi commence-t-il par demander qu'elle lui pardonne ? C'eſt peut-être parce qu'il dira des choſes deſavantageuſes de HENRI III. qui avoit été amant de la Reine ELISABETH : mais HENRI IV. en a déja parlé, de maniere qu'il n'a plus d'excuſe à faire ſur ce qu'il en pourra dire. Si le Poëte entend par des vérités dures, *ces vérités affreuſes* que l'hiſtoire de la Ligue fournit, pourquoi faloit-il en demander pardon à celle qui vouloit en être particulierement informée ? D'ailleurs pourquoi un autre auroit-il pû les taire ou les voiler ? L'auroit-il dû ? Surquoi donc eſt fondé ce *pardonnés grande Reine* ?

Deplus par ce vers

Mais que jamais Bourbon n'a pû diſſimuler.

Ne ſemble-t-il pas que HENRI IV. alloit publiant par tout *ces vérités* pour lesquelles il demande pardon ?

Voila, MONSIEUR, ce qui m'a paru, dans ce premier chant, exiger que M. de VOLTAIRE reprit *le rabot* & *la lime*. Cette lettre eſt ſi longue qu'elle vous fera peut-être craindre celles qui ſuivront inceſſamment ; raſſurés vous, MONSIEUR, je tacherai d'être plus court, cependant quelque longue que ſoit cette Lettre, je veux vous donner une preuve de mon exactitude en ajoutant encore ici quelques critiques que j'ai oüir faire.

XXXVII.

XXXVII.

Il y a des personnes qui soutiennent que M. de VOLTAIRE a bronché dès le second vers de son Poëme lorsqu'il a dit

Je chante ce Héros qui régna dans la France,
Et par droit de conquête, & par droit
de naissance.

Ils soutiennent que les Catholiques Romains, qui faisoient sans comparaison la plus grande partie des François, pouvoient légitimement priver de leur couronne un Prince Protestant: qu'ils le pouvoient avec d'autant plus de droit que la liberté de conscience n'est point établie chez eux par les loix du Royaume, & que ce Prince ne pouvoit pas, par les principes de sa réligion, faire les sermens que les loix de France exigent au sacre de ses Rois. Qu'ainsi supposé que HENRI IV. eût conquis toute la France, ses conquêtes ne lui auroient point donné le droit de régner, puisque la guerre qu'il auroit entreprise auroit été injuste, & qu'une conquête injustement faite ne donne aucun droit légitime au vainqueur. Mais ils ajoutent que HENRI IV. bien loin de conquerir la France, ne s'en est rendu le maitre que par une capitulation qui lui fait peu d'honneur, puisqu'il troqua sa réligion pour la couronne.

XXXVIII

D'autres disent que le Poëte donne des sentimens un peu trop mondains à St. LOUIS, qui

qui *du sein des immortels* ne doit regarder la gloire du monde que comme une vaine fumée. Ils difent qu'un Saint n'eft pas capable du rafinement que le Poëte fuppofe, lorfqu'il dit que St. Louis *cachoit le bras qu'il étendoit* pour Henri

De peur que ce Héros, trop fûr de fa victoire,
Avec moins de danger n'eût acquis moins de
gloire.

XXXIX.

Quelques uns condamnent le commencement de la converfation de Henri IV. avec le Vieillard de l'Ifle de Jarzey.

Le trouble répandu dans l'Empire Chrétien
Fut pour eux le fujet d'un utile entretien.

Ils demandent fi ces vers annoncent des controverfes de religion, qui eft la chofe dont il s'agit uniquement dans la converfation de Henri IV. & du Vieillard, ou fi ces vers ne font pas d'abord entendre que cette converfation avoit pour objet des guerres allumées dans toutes les parties de l'Europe. Deforte que l'efprit du lecteur n'eft détrompé que quatre ou cinq vers après.

XL.

Quelques uns plus difficiles encore difent que *le Seigneur* eft une expreffion peu Poëtique par la maniere dont elle est employée dans le vers suivant

Tandisque le Vieillard, instruit par le Seigneur,
Entretenoit le Prince & parloit à son cœur.

XLI.

J'ai vû plusieurs personnes qui prétendent que ces deux vers

Et fait aimer son joug à l'Anglois indompté,
Qui ne peut ni servir, ni vivre en liberté.

sont un assemblage d'expressions qui paroissent d'abord renfermer un grand sens, & qui bien examinées ne signifient rien du tout, ou n'offrent qu'une pensée fausse. Ils disent qu'outre que le terme de *servir* est impropre, & la construction de la phrase inexacte, il n'est pas plus vrai de dire que *la Nation Angloise ne peut ni obeir aux loix, ni vivre en liberté*, qu'il est vrai de dire, parce qu'il y a des Catholiques Romains & des Protestants en Angleterre, que les Anglois ne peuvent être ni Catholiques ni Protestants. Il y a deux partis en Angleterre, l'un, qui croit ses sentimens conformes au préceptes de l'Ecriture Sainte, soutient l'obeissance passive ; l'autre, qui croit ses sentimens conformes à la Raison & à l'Ecriture Sainte aussi, prétend au contraire que dès qu'un Roi viole les loix du Royaume les peuples sont en droit de lui ôter la couronne, puisqu'il devient par là leur Tiran.

Le

Le premier parti est très propre à la servitude, & il est faux de dire à l'égard de ceux qui le composent que les Anglois ne peuvent pas *servir*, ou pour parler François, ne peuvent être soûmis & obeissants. L'autre parti zèlé pour la liberté ne peut être taxé de ne pouvoir y vivre, puisqu'au contraire, il ne travaille qu'à se la conserver. C'est pourquoi, MONSIEUR, un vieux Docteur Torys, que vous connoissés bien, dit un jour aussi gravement que s'il eût été sur les bancs de l'Université de Cambridge; que cette pensée étoit fausse *in sensu composito*, & *in sensu diviso*, tant par rapport au général qu'à l'égard du particulier. Elle est fausse, dit-il, *in sensu composito*, parce que lorsqu'on parle d'une Nation en général, c'est le parti le plus considerable qui en détermine le caractère ; & qu'ainsi la Nation Angloise doit être considerée comme une Nation qui *sait vivre en liberté*, puisqu'elle se l'est toûjours conservée. Cette pensée, ajouta-t-il, est fausse *in sensu diviso*, puisque le petit nombre d'Anglois qui est pour l'obeissance passive, est aussi propre à l'esclavage que le grand nombre des autres y est opposé. Ce Docteur fit ensuite plusieurs réflexions politiques que je ne vous rapporterai pas ici ; ce qu'il dit de plus remarquable sur le sujet dont il s'agit, fut que ceux là se trompent qui attribuent à la Nation Angloise un esprit d'inconstance & d'inquiétude a cause des diverses revolutions qu'on a vuës en Angleterre. Ces revolutions, disoit le Docteur, ne viennent point du genie de la Nation, mais

mais sont véritablement causées par les attentats des Princes sur nos libertés; desorte que rien n'est plus propre à prouver la constance & la fermeté des Anglois dans leur amour pour la liberté, que ces mêmes revolutions qu'on prétend être une preuve d'un esprit inquiet & turbulent : d'où il conclut que M. de *VOLTAIRE* n'auroit pas dû, par une mauvaise & vague antithèse, essayer de donner du caractère des Anglois une idée qui leur est aussi injurieuse qu'elle est fausse. Car quoi de plus offensant pour une Nation que de dire qu'elle n'est propre ni à être gouvernée, ni à se gouverner elle même dans un état libre. Non, non, continua le Docteur, ce n'est pas un penchant indéterminé vers la servitude ou vers la liberté qui fait le caractère des Anglois : leur passion la plus vive est celle qu'ils ont pour la liberté, jusques là même, que ceux qui soutiennent l'obeissance passive dans leurs discours, abandonnent souvent leurs principes dans la pratique, & se joignent aux autres dès qu'un Roi veut agir contre les loix. Il faut n'avoir pas lû l'histoire d'Angleterre pour ignorer mille exemples de ce que j'avance; ce n'est pas, poursuivit-il, que nous ne soyons des hommes comme les autres, & que cet amour pour la liberté ne puisse devenir languissant. L'ambition, l'avarice qui se fomentent chez nous, & qui s'y fortifient par le luxe, pourront nous causer ce malheur. L'esprit d'avarice & les desirs de l'ambition endurcissent le cœur, ferment les yeux à l'honneur & à la justice, éteignent l'amour

de

de la Patrie, & font baiser les mains de ceux mêmes qui nous préparent des chaines. Nous pouvons être corrompûs de cette maniere, & la corruption pourra s'étendre au point qu'on ne verra plus chez nous de revolutions : nous serons *domptés*, nous pourrons *servir*, mais si c'est un merite, je souhaite, dit le Docteur, que nôtre Nation ne l'ait jamais.

Je ne vous dis rien, MONSIEUR, au sujet de ces vers.

On voyoit dans Paris la Discorde inhumaine
Excitant aux combats & la Ligue &
MAYENNE,
Contre ce Monstre affreux, contre ses attentats
Les deux Rois réünis rassembloient leurs Etats.

Je me réserve à vous en parler lorsqu'après avoir examiné chaque chant, comme j'ai fait celui cy, j'examinerai particulierement le sujet, le plan, & la conduite de ce Poëme ; les caractères, les machines &c. mais dûssiés vous, MONSIEUR, vous ennuyer, vous verrés encore ici quelques vers qui ne sont pas approuvés de bien des gens.

XLII.

C'est aux mains de BOURBON que leur sort est
commis

Commettre aux mains est blâmé.

XLIII.

XLIII

Aux mains des Espagnols a remis son tonnerre.

Remettre aux mains pour entre les mains.

XLIV

Dieppe aux yeux du héros offre un tranquille port.

On dit qu'*é* dans Dieppe doit être accentué, ou qu'il faut se mir de trois syllabes, ce qu'on peut tranquille, au lieu d'une ville où il n'y a point de commerce.

XLV

Les vents impétueux à sa voix s'apaisèrent.

Dans l'endroit où ce vers est placé, cela ne veut dire autre chose, sinon que tandis que le Vieillard parlait, le vent s'apaisa; mais l'impression présente plutôt un miracle qu'un événement ordinaire, puisqu'il semble que ce fut le Vieillard qui commanda aux vents de s'apaiser.

XLVI

Une femme, à ses pieds enchaînant les revers

enchaîner des revers paraît une expression bien hardie. Comment donner des chaînes à des revers ? qui osa personnifier des Revers ?

A présent, Monsieur, apprenez votre critique sur la sixième: je vous assure que si vous avez été las de lire, je le suis aussi beaucoup d'écrire; desorte que je ne vous dirais plus rien, si mes scrupules, et la foi d'une lettre ne m'obligeaient à vous assurer de l'attachement parfait de <u>Votre très humble &</u> <u>très obéissant serviteur</u>

à Londres ce 25 avril 1728.

J. d'autrely Lettres critiques sur la henriade
dans le Voltariana page 486 — 543.

www.ingramcontent.com/pod-product-compliance
Lightning Source LLC
LaVergne TN
LVHW022208080426
835511LV00008B/1650